Inhalt

Dieses Buch 2

„Hallo" und „Auf Wiedersehen" 4

Wie heißt du? 6

Wie die Dinge heißen 8

Woher kommst du? 10

Mehr über dich selbst 12

Deine Familie 14

Bei dir zu Hause 16

Sachen suchen 18

Was möchtest du essen? 20

Tischgespräche 22

Über Hobbys 24

Die Uhrzeit 26

Sich verabreden 28

Nach dem Weg fragen 30

Sich zurechtfinden 32

Beim Einkaufen 34

Einkaufen und bestellen 36

Monate, Jahreszeiten und das Datum 38

Farben und Zahlen 40

Die englische Aussprache 41

Sprachregeln 42

Antworten 44

Alphabetische Wortliste 46

Meine ersten Wörter und Sätze

ENGLISCH

von Angela Wilkes
Bilder von John Shackell

arsEdition

Dieses Buch

Eine Reise ins Ausland macht viel mehr Spaß, wenn du verstehst, was die Leute sagen. Eine Sprache zu lernen ist viel einfacher, als du denkst. Mit diesem Buch lernst du Englisch, wie du es jeden Tag brauchen kannst.

Du lernst zu sagen

wer du bist

wo du herkommst

wie viel Uhr es ist

was du magst

wie man nach dem Weg fragt

was du einkaufen willst.

Und so funktioniert es:

Comics zeigen dir, was man in bestimmten Situationen sagt. Lies die Texte in den Sprechblasen. Probiere aus, wie viel du verstehst; dann sieh die Wörter nach, die du nicht kennst. Wörter und Ausdrücke werden oft wiederholt. So prägen sie sich dir leichter ein. Das Buch fängt mit ganz einfachen Ausdrücken an und wird gegen Ende schwieriger.

Neue Wörter

Auf jeder Doppelseite findest du einige neue Wörter aufgelistet und deutlich abgesetzt. So kannst du sie beim Weiterlesen leicht finden. Hast du einmal ein Wort vergessen, dann schau einfach in die Wortliste (S. 46–48). Wenn ein Wort mit einem Sternchen gekennzeichnet ist: siehe unterer Seitenrand.

Sprachregeln

In Kästchen wie diesem wird erklärt, wie englische Wörter und Sätze gebildet werden. Es macht nichts, wenn du nicht alles auf Anhieb verstehst. Alle Sprachformen werden häufig wiederholt. Im Übrigen findest du auf den Seiten 42 und 43 eine Zusammenfassung aller in diesem Buch erwähnten Sprachregeln.

Aussprache

Auf Seite 41 erklären wir anhand von Beispielen, wie das Englische ausgesprochen wird. Außerdem gibt die alphabetische Wortliste am Ende des Buchs die Aussprache aller angeführten Wörter an.

Übungen

Im ganzen Buch findest du kleine Aufgaben, die dir helfen, dein Englisch zu üben. Auf den Seiten 44 und 45 kannst du überprüfen, ob deine Antworten richtig waren.

Was du sonst noch tun kannst

Schreibe alle neuen Wörter in ein Vokabelheft und lerne jeden Tag ein paar davon. Fünf oder zehn Minuten genügen. Wiederhole die

gelernten Wörter ab und zu. Vielleicht kannst du jemanden bitten, dich gelegentlich abzuhören oder, noch besser, mit dir zusammen Englisch

zu lernen. Dann könnt ihr miteinander üben. Unterhaltet euch möglichst viel auf Englisch! Keine Angst vor Fehlern!

„Hallo" und „Auf Wiedersehen"

Zuerst lernst du, wie man sich begrüßt. Stelle dir vor, du triffst Herrn Smith. Ihn wirst du morgens mit **Good morning, Mr. Smith*** begrüßen. Kennst du den Mann, nicht aber den Namen, so sagst du **Good morning, Sir**. Frau Smith wird mit **Good morning, Mrs. Smith*** bzw. mit **Good morning, Madam** angesprochen. Mädchen und junge Frauen heißen in beiden Fällen **Miss**.

„Hallo"

Hello sagt man, wenn man sich gut kennt.

„Guten Morgen" heißt **Good morning**.

Abends sagt man **Good evening**.

„Auf Wiedersehen"

Bye gebraucht man wie „Tschüs".

Goodbye heißt „Auf Wiedersehen", **See you** „Bis bald".

„Gute Nacht"

Good night sagt man vor dem Schlafengehen.

***Mr.** Smith gesprochen **Mister** Smith; **Mrs.** Smith gesprochen **Misses** Smith.

„Wie gehts?"

So grüßt man und fragt, wie es geht.

Diese Frau sagt „Danke, gut ..."

... aber der Herr meint, es könnte besser gehen.

How are you?

Hier siehst du verschiedene Möglichkeiten, auf die Frage **How are you?** zu antworten. Was glaubst du, wird jeder dieser Leute antworten, wenn du dich nach seinem Befinden erkundigst?

very well	sehr gut
well	gut
quite well	ganz gut
so so	es geht
not very well	nicht so gut
terrible	furchtbar

Wie heißt du?

Möchtest du wissen, wie du dich selbst und deine Freunde vorstellen kannst?
Die Comics auf dieser Seite zeigen dir, wie du das machst. Lies die Texte in den Sprechblasen, dann kannst du die Fragen auf der nächsten Seite beantworten.

Neue Wörter

I	ich
you	du
he	er
she, they	sie
what's your name?	wie heißt du?
my name is …	ich heiße
what's his name?	wie heißt er?
his name is …	er heißt
her name is …	sie heißt
what are their names?	wie heißen sie?
they are …	sie heißen
who is that?	wer ist das?
this/that is	das ist
my friend (male)	mein Freund
my friend (female)	meine Freundin
and	und
yes	ja
no	nein

Anrede

Im Englischen gibt es den Unterschied zwischen „du" und „Sie" **nicht**. Es heißt immer **you**.

Kurzform

Statt **what is, that is, who is** und **it is** sagt man auf Englisch kürzer **what's, that's, who's** und **it's**.
Auch bei **they are** kannst du abkürzen und **they're** sagen.

Freunde vorstellen

6

Wie heißen diese Leute?
Kannst du auf Englisch antworten?

What's my friend's name?

What's his name?

What's your name?

What are their names?

Wer ist wer?
Weißt du die Antworten auf die Fragen unter dem Bild? (Vergleiche sie mit denen auf Seite 44.)

Hello, how are you?

Very well, thank you.

Goodbye, Michael.

Is that Anita?

Yes, that is Anita.

Bye, see you again.

That's Bill.

Who is that?

No, I am George.

Is your name Tom?

What's your name?

Susan, and yours?

Wer spricht mit Bill? Wer heißt George? Wer heißt Anita?
Wer spricht mit Susan? Wer spricht mit ihm? Wer geht heim?

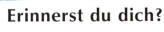

Erinnerst du dich?

Wie fragst du jemanden, wie er heißt?
Wie stellst du dich selber vor?

Du hast eine Freundin namens Anita.
Wie stellst du sie vor?
Wie könntest du jemandem sagen, dass dein
Freund Daniel heißt?

Wie die Dinge heißen

Alle Gegenstände auf diesem Bild sind mit ihrem Namen bezeichnet. Versuche diese Wörter zu lernen. Auf der gegen- überliegenden Seite kannst du überprüfen, welche du behalten hast. Merke: Alle englischen Hauptwörter haben **the** als Artikel.

The

Es gibt nur **ein** Wort für „der", „die" oder „das" im Englischen: **the**. Statt „ein" oder „eine" heißt es englisch **a** bzw. **an**.*

Mehrzahl (Plural)

Im Englischen hängst du ein -s an das Wort, wenn du über mehr als ein Ding oder mehr als eine Person sprichst, z.B. **one tree** „ein Baum", **two trees** „zwei Bäume".

Allerdings gibt es Ausnahmen von dieser Regel. Die wichtigsten Ausnahmewörter sollst du dir merken:

child	Kind	**children**	Kinder
man	Mann	**men**	Männer
woman	Frau	**women**	Frauen
foot	Fuß	**feet**	Füße

*an anstelle von **a** heißt es dann, wenn das Hauptwort (Nomen) mit a, e, i, o oder u beginnt, z.B. **This is an elephant**.

Namen und Wörter erfragen

Es macht nichts, wenn dir einmal ein englisches Wort fehlt.
Du kannst ja fragen. Hier ist
eine kleine Liste mit nützli-
chen Sätzen, die dir dabei
helfen werden. Wie man sie
anwendet, zeigen die Bilder.

what is that?	was ist das?
that is ...	das ist ...
what is that called?	wie heißt das?
that is called ...	das heißt ...
in German	auf Deutsch
in English	auf Englisch

What's that?

That's a flower.

Is that a flower too?

No, that is a tree.

What's that called in English?

That's a door.

And what's that called?

That's a dog.

What's that called in German?

Ein Hund.

Erinnerst du dich?

Decke einmal die linke Seite
ab. Weißt du noch, wie diese
Dinge auf Englisch heißen?
Und mehrere davon?
(Auf Seite 44 stehts.)

9

Woher kommst du?

Hier lernst du zu fragen, wo die Leute herkommen, und wie du ihnen sagen kannst, aus welchem Land du selber kommst. Außerdem lernst du herauszufinden, welche Sprachen andere Menschen sprechen.

Neue Wörter

where do you come from?	wo kommst du her?
I come from	ich komme aus
where do you live?	wo wohnst du?
I live in	ich wohne in …
do you speak …?	sprichst du …?
I speak …	ich spreche
a little	ein bisschen
German	Deutsch
English	Englisch

Länder

Switzerland	Schweiz
Germany	Deutschland
England	England
France	Frankreich
India	Indien
Scotland	Schottland
Austria	Österreich
Spain	Spanien
Hungary	Ungarn

Wo kommst du her?

Sprichst du Englisch?

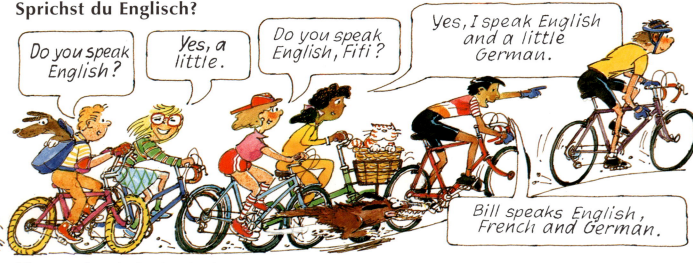

10   *Cologne heißt Köln auf Englisch.

Wer kommt von wo?

Hier siehst du die Teilnehmer eines internationalen Tanzturniers. Der Ansager spricht nur Deutsch. Deshalb ist ihm entgangen, wo die Teilnehmer herkommen. Kannst du ihm helfen? Seine Fragen stehen unter den Bildern. (Die Antworten findest du auf Seite 44.)

Angus comes from Scotland.

Here are Marie and Pierre. They come from France.

Hari and Indira come from India.

János comes from Hungary. He lives in Budapest.

Franz comes from Austria.

Wo kommen die bloß alle her?

This is Lolita. She comes from Spain.

Woher kommt Franz?
Wie heißen die indischen Teilnehmer?
Sind auch Franzosen dabei?
Ist Lolita Italienerin?

Wo kommen Hari und Indira her?
Tanzt jemand aus Schottland mit?
Von wo kommt Pierre?
Wer wohnt in Budapest?

Tätigkeitswörter (Verben)	**to do**	tun, machen
Englische Verben (Tätigkeitswörter) ändern sich nur, wenn man von einer dritten Person oder Sache spricht, also von er (**he**), sie (**she**) oder es (**it**). In diesem Fall hängt man ein „s" an das Verb; z.B.: **I come**, **we come**, aber **she comes.** Abweichend hiervon: **to do.***	**I do** **you do** **he/she/it does** **we do** **you do** **they do**	ich tue du tust er/sie/es tut wir tun ihr tut sie tun

Fragen mit to do

Bei englischen Fragen nimmt man meistens das Verb **to do** zu Hilfe.

Do you like it? Magst du es?
Wörtlich: Tust du es mögen?
Do you want an apple? Willst du einen Apfel?

*An Verben, die auf o enden (to go, to do), hängt man „es" an: he goes, she does.

Mehr über dich selbst

Hier steht, wie du sagst, wie alt du bist und ob du Geschwister hast.

Neue Wörter

how old are you?	wie alt bist du?
I am …	ich bin …
years old …	… Jahre alt
do you have …?	hast du …?
I have	ich habe
brothers and sisters	die Geschwister
brother	der Bruder
sister	die Schwester
almost	fast
not any	keine
I don't have any sisters	Ich habe keine Schwestern
we	wir
you (plural)	ihr
but	aber

Weißt du noch?

Im Englischen wird die Mehrzahl eines Wortes gebildet, indem man ein „**s**" an das Wort anhängt: **brother**, **brothers** Bruder, Brüder. Wichtige Ausnahmen von dieser Regel sind:
child, children Kind, Kinder;
man, men Mann, Männer;
woman, women Frau, Frauen;
foot, feet Fuß, Füße.

Die Zahlen

1	one	11	eleven
2	two	12	twelve
3	three	13	thirteen
4	four	14	fourteen
5	five	15	fifteen
6	six	16	sixteen
7	seven	17	seventeen
8	eight	18	eighteen
9	nine	19	nineteen
10	ten	20	twenty

Wie alt bist du?

Hast du Geschwister?*

*Im Englischen gibt es kein eigenes Wort für Geschwister. Deshalb sagt man stattdessen „Brüder und Schwestern".
I am kannst du zu **I'm** verkürzen.

Wie alt sind sie?

Lies, was diese Kinder sagen. Weißt du jetzt, wie alt sie sind?

Boris is twelve.

We are fifteen.

Eve is eleven years old.

Michael is almost fourteen.

I am five. He is nine.

Michael Jean and Joan Boris Eve Victor Barbara

Wie viele Geschwister?

Unten steht, wie viele Geschwister diese Kinder haben. Errätst du, wer zu wem gehört?

Jean and Joan have a brother and two sisters.

Eve has three sisters and two brothers.

Michael has five sisters, but no brothers.

Victor has a brother, but no sister.

Boris has no brothers and sisters, but he has a dog.

Nützliche Verben

to be	sein
I am	ich bin
you are	du bist
he/she/it is	er/sie/es ist
we are	wir sind
you are	ihr seid
you are	Sie sind
they are	sie sind

to have	haben
I have	ich habe
you have	du hast
he/she/it has	er/sie/es hat
we have	wir haben
you have	ihr habt
you have	Sie haben
they have	sie haben

Deine Familie

Hier sind viele Wörter, mit denen du deine Familie beschreiben kannst. Außer-dem lernst du etwas über die richtige Wortstellung in englischen Sätzen.

This is my family.

my dog

my grandfather

my father

my sister

my uncle

my cat

my grandmother

my mother

my brother

my aunt

Wer ist wer?

Is that your brother?

Yes, this is my brother.

And is that your sister?

Yes, her name is Gladys.

Are they your parents?

No! They are my grandparents!

Neue Wörter

family	Familie	**aunt**	Tante	**fat**	dick
grandfather	Großvater	**grandparents**	Großeltern	**thin**	schlank
grandmother	Großmutter	**parents**	Eltern	**old**	alt
father	Vater	**tall**	groß	**young**	jung
mother	Mutter	**to believe**	glauben	**blonde**	blond
uncle	Onkel	**small**	klein	**dark-haired**	dunkelhaarig
		very nice	sehr nett	**friendly**	freundlich

Die Wortstellung

Auf Englisch sagt man immer zuerst, wer etwas tut, dann die Tätigkeit (das Tätigkeits-wort/Verb) und danach alles andere.
Z. B. **My parents are very nice.** Meine Eltern sind sehr nett.

Im Englischen bleibt die Wortstellung immer gleich, auch wenn sie sich im Deutschen ändert. Achte auf die Satzteile hinter dem Strich.
I believe that / my parents are very nice.
Ich glaube, dass / meine Eltern sehr nett sind.

Wie du deine Familie beschreibst

My father is tall, but my mother is small.

My parents are very nice.

My uncle is fat, but my aunt is slim.

My grandparents are old. I am young.

My sister is blonde, my brother is dark.

My dog is friendly.

Steckbriefe

Kannst du diese Räuber beschreiben? Benutze möglichst viele der neuen Wörter. Beginne jede Beschreibung mit **He is …** oder **She is …** (Er ist … oder Sie ist …). Z.B. **He is tall*, young and blonde.** Wie siehst du selbst aus? Beginne mit **I am …** Beschreibe deine Eltern: **They are …**

*tall sagt man nur, wenn die Körpergröße gemeint ist, sonst heißt „groß" big.

Bei dir zu Hause

Hier lernst du zu sagen, wo du wohnst und in welcher Umgebung. Außerdem wirst du die Namen der verschiedenen Zimmer eines Hauses kennen lernen.

Neue Wörter

or	oder
house	Haus
flat	Wohnung
castle	Schloss
in the town	in der Stadt
in the country	auf dem Land
city	Großstadt
by the sea	am Meer
Dad	Vati
Mum	Mutti
Grandad	Opa
Granny	Oma
ghost	Gespenst
where are you all?	wo seid ihr alle?
room	Zimmer
bathroom	Badezimmer
dining room	Esszimmer
bedroom	Schlafzimmer
living room	Wohnzimmer
kitchen	Küche
upstairs	oben
here	hier

Wo wohnst du?

Do you live in a house or in a flat?

I live in a house.

I live in a flat.

I live in a castle.

Stadt oder Land?

I live in the town.

I live in the country.

I live by the sea.

Wo stecken sie alle?

Papa kommt nach Hause. Er will wissen, wo sich die verschiedenen Familienmitglieder gerade befinden. Kannst du es ihm sagen? Z. B. **Granny is in the living room.**

Mum Dad Grandad

Granny Peter Susy

Stephen ghost

Who is in the dining room?
Who is in the kitchen?
Who is in the bathroom?
Who is in the bedroom?

Where is Granny?
Where is the ghost?
Where is the dog?
Where is Peter?

Vielleicht will Papa wissen, was augenblicklich geschieht. Dafür gibt es eine besondere Ausdrucksform: die **-ing**-Form.

Die -ing-Form

Im Englischen kann man den Satz „ich spreche" auf zwei Arten formulieren: **I speak** und **I am speaking** (wörtl.: Ich bin sprechend). Die 2. Möglichkeit, die so genannte **-ing**-Form, wendet man auf Tätigkeiten und Vorgänge an, die momentan, gerade in diesem Augenblick passieren. Wie die **-ing**-Form gebildet wird, steht auf der nächsten Seite.

Sachen suchen

Jetzt gehts um Möbel und einen verschwundenen Hamster. Außerdem wird erklärt, wie die **-ing**-Form (siehe S. 17) gebildet wird.

Neue Wörter

there	da
to look for	suchen
something	etwas
hamster	der Hamster
to find	finden
him/it	ihn
on	auf
under	unter
behind	hinter
in front of	vor
between	zwischen
beside	neben
cupboard	Schrank
armchair	Sessel
curtain	Vorhang
pot plant	Topfblume
bookshelf	Bücherregal
table	Tisch
carpet	Teppich
sofa	Sofa
television	Fernseher
telephone	Telefon
vase	Vase

Die -ing-Form bilden:

Du nimmst die passende Form von **to be (I am)**, lässt den Verbstamm folgen (**speak**) und hängst an diesen die Endung **-ing** an (**I am speaking**).

I am reading.
What are you doing?
He's cooking.
I am learning English.

Ich lese **gerade**.
Was machst du **da**?
Er kocht **im Moment**.
Ich lerne **zur Zeit** Englisch.

Wo ist der Hamster?

18

In, auf oder unter?

Achtung, Verwechslungsgefahr: **On** heißt im Deutschen „auf" und nicht „an".

Beside kann auch mit **next to** übersetzt werden.

in   *behind*   *in front of*

beside   *under*   *on*

Wo verstecken sich die Tiere?

Kannst du Mr. Watts sagen, wo sich seine Lieblingstiere verstecken? Verwende die obigen Lagebezeichnungen. (Auf Seite 44 stehen die Antworten.)

the hamster

the kitten

the puppy

the budgie

the snake

the tortoise

the shelves

the vase

the cupboard

the TV

the telephone

the carpet

the table

the armchair

the sofa

Was möchtest du essen?

Hier lernst du zu sagen, was du **Was magst du gern?**
magst und was nicht.

Neue Wörter

do you like …?	magst du …?
I like …	ich mag …
I don't like	ich mag … nicht
not at all	gar nicht
very much	sehr gern
better	lieber
best	am liebsten
salad	Salat
fish	Fisch
chips	Pommes frites
cake	Kuchen
sausages	Würstchen
steak	Steak
spaghetti	Spaghetti
to eat	essen
pizza	Pizza
hamburger	Hamburger
me too	ich auch

Verneinung mit to do

Verneint wird im Englischen stets mit der passenden Form von **to do + not**: I do not like. He does not eat.

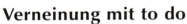

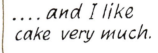

Was magst du am liebsten?

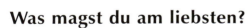

*don't ist die Kurzform für **do not**, **does not** verkürzt man zu **doesn't**.

Was wird hier gegessen?

Wer mag was?

Hier sagen alle, die am Tisch sitzen, was sie mögen. Vielleicht kannst du die Fragen unter dem Bild beantworten. (Wenn nicht, die richtigen Antworten stehen auf Seite 44.)

Wer mag Käse?
Wer mag keinen Schinken?
Was isst der Gorilla?
Wer mag Trauben lieber als Bananen?
Was isst Susy am liebsten?

Kannst du auf Englisch sagen, was du am liebsten magst und was du gar nicht magst? Jetzt verdecke einmal das Bild. Erinnerst du dich an die Wörter für Schinken, Käse, Brot, Butter und Obsttorte?

Tischgespräche

Hier erfährst du, was man bei Tisch sagt.

Neue Wörter

come to the table please	zu Tisch bitte
I'm hungry	ich habe Hunger
me too	ich auch
help yourself	bedien dich
help yourselves	bedient euch
enjoy your meal	guten Appetit
the same to you	danke gleichfalls
can you pass me ...	gibst du mir bitte ...
water	Wasser
bread	Brot
glass	Glas
would you like	möchten Sie/ möchtest du
some more ...?	noch ...?
meat	Fleisch
yes please	ja bitte
no, thank you	nein danke
that's enough	das reicht
is it good?	schmeckts?
it's delicious	es schmeckt sehr gut

Das Essen ist fertig

Gibst du mir bitte ...

Möchtest du noch etwas …?

Wer sagt was?

Hier siehst du verschiedene Leute beim Essen. Weißt du, wie sie sich auf Englisch ausdrücken würden? Versuchs mal, ohne nachzuschauen. (Im Notfall stehts auf Seite 44.)

Stephen sagt, dass er Hunger hat.

Der Koch wünscht guten Appetit.

Susy sagt: Bedien dich.

Jemand soll Peter ein Glas Wasser geben.

Mama bietet Stephen mehr Pommes an.

Er sagt „ja bitte" und dass er Pommes mag.

… aber jetzt hat er genug gegessen.

Boris findet das Essen ganz prima.

„Auch" – too

„Ich mag Kuchen auch gern" heißt auf Englisch **I like cake too**. Du kannst also das Wort „auch" mit **too** übersetzen. Merke dir aber: **too** steht immer am Satzende.

Über Hobbys

Diese Leute hier sprechen über ihre Steckenpferde und darüber, was sie gerne tun.

Neue Wörter

to do	machen
to paint	malen
to cook	kochen
to make things	basteln
to dance	tanzen
to read	lesen
to watch TV	fernsehen
to knit	stricken
to go	gehen
to swim	schwimmen
to play	spielen
hobby	Hobby
sport	Sport
football	Fußball
tennis	Tennis
music	Musik
to listen to	hören
instrument	Instrument
violin	Geige
piano	Klavier
in the evenings	abends

Vergleichen

Bei sehr kurzen Adjektiven (Eigenschaftswörtern) machst du es wie im Deutschen und hängst einfach -er ans Wort, wenn du etwas schöner, schneller oder netter findest. Z. B.: **To cook is nice, but to dance is nicer**.
Bei langen Wörtern sagt man, etwas ist „mehr …" z. B. **interesting** (interessant).
Tennis is interesting, but football is more interesting. (Tennis ist interessant, aber Fußball ist interessanter.)

Was machst du abends?

24

Sportsleute

Musikliebhaber

Was machen sie?

Was tun diese Leute? Kannst du es auf Englisch sagen? (Siehe Seite 45.) Kannst du den Koch fragen, was er tut? Z. B.: **Do you cook? Are you cooking?**

Die Uhrzeit

Auf den folgenden Seiten steht, wie man die Uhrzeit angibt und danach fragt.

Bitte merke dir diese Besonderheit: Wenn man auf Englisch sagt **It is half past nine** (Es ist halb nach neun), so heißt das auf Deutsch: „Es ist halb zehn."

Neue Wörter

what time is it?	wie spät ist es?
what is the time?	wie viel Uhr ist es?
it is one o'clock	es ist ein Uhr
past	nach
to	vor
quarter past	Viertel nach
quarter to	Viertel vor
half past	halb (nach)
midday	Mittag
midnight	Mitternacht
in the morning	morgens
in the evening	abends
at	um
to get up	aufstehen
his	sein
breakfast	Frühstück
lunch	Mittagessen
supper	Abendessen
to have breakfast	frühstücken
school	Schule
bed	Bett

„Entschuldigung"

Wenn du „Entschuldigung" sagst, weil du jemanden auf dich aufmerksam machen willst, sagst du **Excuse me ...** Wenn dir etwas Leid tut, z. B. weil du jemandem auf den Fuß getreten bist, heißt es **Sorry!** Im Englischen sagt man **Sorry** viel häufiger als auf deutsch „Entschuldigung".

Wie viel Uhr ist es?

Du hast zwei Möglichkeiten, nach der Uhrzeit zu fragen.

Jetzt ist es ...

It is five past nine.

It is a quarter past nine.

It is half past nine.

It is a quarter to ten.

It is five minutes to ten.

It is midday. (amerikanisch: noon)

Die Tageszeit

It is six o'clock in the morning.

It is six o'clock in the evening.

Mikes Tageslauf

Sieh dir an, was Mike heute tut. Weißt du, welche Uhr zu welchem Bild passt? Auf Seite 45 steht die Lösung.

 a
 b
 c
 d
 e
 f
 g
 h

1 Mike gets up at half past seven.

2 At eight o'clock he has his breakfast.

3 At a quarter to nine he goes to school.

4 At half past twelve he has his lunch.

5 At ten past two he plays football.

6 At a quarter past five he watches TV.

7 At six o'clock he has his tea.

8 At half past eight he goes to bed.

Wie viel Uhr ist es?

Kannst du auf Englisch sagen, wie spät es auf den verschiedenen Uhren ist? (s. S. 45).

Sich verabreden

Du willst Freunde treffen,
etwas unternehmen?

Neue Wörter

when?	wann?
on Tuesday	am Dienstag
in the morning /afternoon	am Morgen/ Nachmittag
in the evening	am Abend
that's great	prima
until then	bis dann
today	heute
tonight	heute Abend
until tomorrow	bis morgen
that's fine	das geht
it's not possible!	das geht nicht
what a pity!	schade!
to go to the cinema	ins Kino gehen
to go to the disco	in die Disko gehen
to go to a party	auf eine Party gehen

Die Wochentage

Sunday	Sonntag
Monday	Montag
Tuesday	Dienstag
Wednesday	Mittwoch
Thursday	Donnerstag
Friday	Freitag
Saturday	Samstag

Tennis

Schwimmen

Ins Kino gehen

Auf eine Party gehen

Dein Terminkalender

In deinem Kalender steht, was du diese Woche vorhast. Kannst du mithilfe des Kalenders die Fragen unten beantworten? (Auf Seite 45 stehen die Antworten.)

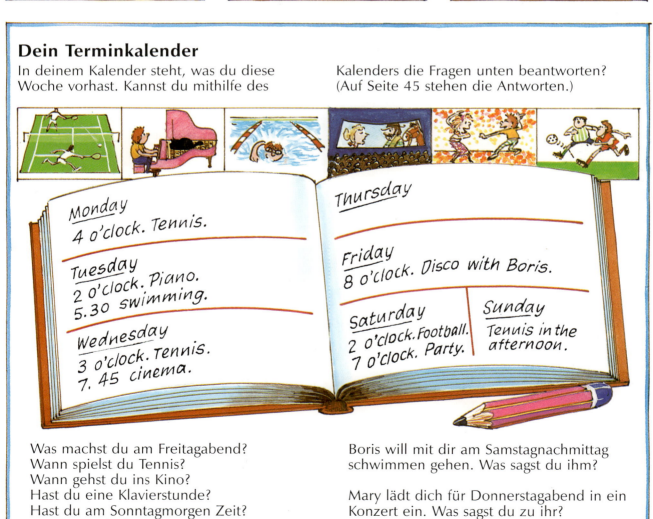

Was machst du am Freitagabend?
Wann spielst du Tennis?
Wann gehst du ins Kino?
Hast du eine Klavierstunde?
Hast du am Sonntagmorgen Zeit?
Um wie viel Uhr steigt die Party am Samstag?

Boris will mit dir am Samstagnachmittag schwimmen gehen. Was sagst du ihm?

Mary lädt dich für Donnerstagabend in ein Konzert ein. Was sagst du zu ihr?

Nach dem Weg fragen

Auf dieser und den nächsten Seiten erfährst du, wie man nach dem Weg fragt.

Achte darauf, dass du **please** sagst, wenn du um etwas bittest. Die Antwort auf **Thank you** lautet: **Not at all** „Keine Ursache".

Neue Wörter

excuse me	Entschuldigung
not at all	bitte schön
here	hier
post office	Post
in the market place	am Marktplatz
on the right	auf der rechten Seite
on the left	auf der linken Seite
hotel	Hotel
then	dann
is there ...?	gibt es ...?
nearby	in der Nähe
road, street	Straße
immediately	gleich
is it far?	ist es weit?
about	etwas
minute	Minute
on foot	zu Fuß
supermarket	Supermarkt
over there	da drüben
opposite	gegenüber
next to	neben
bank	Bank
chemist's	Apotheke

Richtungen

left   straight on   right

Entschuldigen Sie ...

Excuse me....

So sagst du „Entschuldigung", wenn du nach etwas fragst.

Thank you.   *Not at all.*

Statt **not at all** sagt man auch **that's o.k.** oder **you're welcome**.

Wo ist ...?

Excuse me, where is the post office?

In the market place on the right.

Where is the Eagle Hotel, please?

Go left here and then straight on.

30

Ist hier irgendwo ...?

Excuse me, is there a café nearby?

Yes, immediately on the left in Wall Street.

Excuse me, is there a super-market nearby?

Yes, over there opposite the bank.

Ist es weit?

Is it far?

No, about five minutes on foot!

And where is there a chemist?

Just beside the supermarket.

Wichtige Orte

the train station	a petrol station	the toilets	a letter box
Bahnhof	Tankstelle	Toiletten	Briefkasten
a telephone box	a campsite	the hospital	the airport
Telefonzelle	Campingplatz	Krankenhaus	Flughafen

Sich zurechtfinden

Hier steht, wie du nach dem Weg fragst. Wenn du Lust hast, versuche die Fragen auf der gegenüberliegenden Seite zu beantworten. (Siehe Seite 45.)

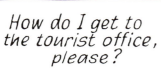

*Auto fahren wird mit **to go (by car)** übersetzt, wörtlich also „(mit dem Auto) gehen".

Neue Wörter

how do I get to ...?	wie komme ich zum/zur...?	**as far as**	bis zum/zur
take ...	nimm/nehmen Sie ...	**by car**	mit dem Auto
go ...	fahr/fahren Sie ...	**round the corner**	um die Ecke
youth hostel	Jugendherberge	**the first street**	die erste Straße
tourist office	Verkehrsamt	**the second street**	die zweite Straße
along the road	die Straße entlang	**the third street**	die dritte Straße
		the next street	die nächste Straße

Fragewörter

Achtung, im Englischen gibt es zwei Frage-wörter, bei denen du aufpassen musst. Sie ähneln zwei deutschen, bedeuten aber etwas ganz anderes:

who? wer? z. B. **Who are you?**
   („Wer bist du?")

where? wo/wohin? z. B. **Where do you go?**
   („Wohin gehst du?")

In Newcastle

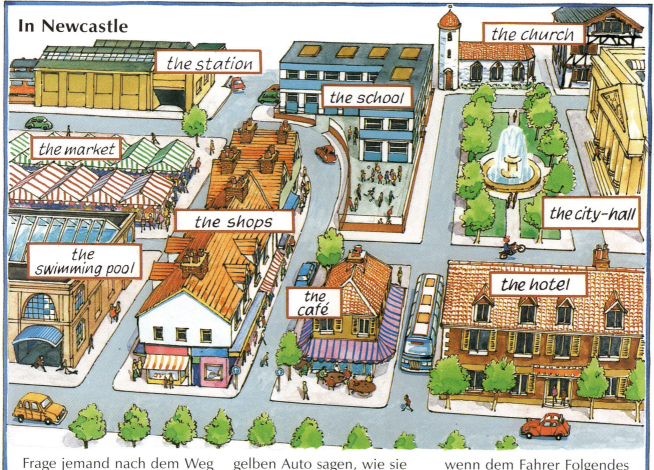

the station · the school · the church · the market · the shops · the city-hall · the swimming pool · the café · the hotel

Frage jemand nach dem Weg zum Marktplatz.
Frage, ob es in der Nähe ein Café gibt.
Kannst du den Leuten im gelben Auto sagen, wie sie zur Kirche kommen?
Kannst du den Weg vom Hotel zum Markt erklären?
Wo landet das gelbe Auto, wenn dem Fahrer Folgendes gesagt wird: **Take the second street on the left and they are on the left.** (Auf Seite 45 findest du die Antworten.)

33

Beim Einkaufen

Hier erfährst du, was die Engländer beim Einkaufen sagen.

Geld

In England und Irland gibt es **pounds** (£). Ein **pound** hat 100 **pence**. Statt **pence** sagt man manchmal nur **p** (gesprochen „pi").
In Amerika zahlt man mit **dollars** ($). Ein **dollar** hat 100 **cents**. Ein 5-**cent**-Stück heißt **nickel**, eine 10-**cent**-Münze **dime** (so wie bei uns ein 10-Pfennig-Stück „Groschen" heißt).

Neue Wörter

to go shopping	einkaufen gehen
to buy	kaufen
baker's	Bäckerei
grocer's	Lebensmittelgeschäft
butcher's	Metzgerei
milk	Milch
eggs	Eier
fruit	Obst
vegetables	Gemüse
meat	Fleisch
bread roll	Brötchen
apples	Äpfel
tomatoes	Tomaten
can I help you?	bitte schön?
can I help you?	was darf es sein?
I would like	ich hätte gern
with pleasure	gerne
anything else?	sonst noch etwas?
anything else?	außerdem noch etwas?
how much is that?	was macht das?
... altogether	... zusammen
that is ...	das kostet ...
a kilo*	ein Kilo
half a kilo	ein Pfund

Mrs. Burns geht einkaufen

Mrs. Burns goes shopping.

She buys bread rolls at the baker's.

In der Bäckerei

Good morning.

Hello. Can I help you?

I'd like four bread rolls.

With pleasure. Anything else?

No, thank you. How much is it?

Eighty pence

Here you are.

80 p

---

34   *In England gibt man das Gewicht lieber in **pounds** als in **kilos** an. Das englische pound, abgekürzt **lb.**, entspricht 0,45 kg.

She buys milk and eggs at the grocer's.

She buys fruit and vegetables at the market.

She buys meat at the butcher's.

At the grocer's

At the market

*Literangaben sind in England noch nicht gebräuchlich. Milch z. B. wird in **pints** (= 0,57 l) abgemessen.

Einkaufen und bestellen

Wie du dich nach Preisen erkundigst und im Café etwas bestellen kannst.

Neue Wörter

to cost	kosten
how much are ...?	was kosten ...?
how much is ...?	was kostet ...?
postcard	Postkarte
... a kilo	... das Kilo
... each	... das Stück
a piece	... das Stück
rose	Rose
coffee	Kaffee
can I pay, please!	zahlen bitte!
grape	Traube
orange	Orange
banana	Banane
pineapple	Ananas
lemon	Zitrone
peach	Pfirsich
lemonade	Limonade
Coca-Cola	Coca-Cola
tea	Tee
with milk	mit Milch
with lemon	mit Zitrone
a cup of hot chocolate	eine Tasse Schokolade
a glass of milk	ein Glas Milch
ice cream	Eis

Was kostet ...?

How much is a post card, please?

Twenty pence.

How much are the grapes?

One pound twenty, a pound.

How much are the roses?

Sixty pence each.

O.K. I'll take seven, please.

60 p

Im Café

Can I help you?

I'd like a cup of coffee, please.

Here you are.

Thanks.

Can I pay, please?

That is eighty pence.

Obst kaufen

Alle Obstsorten sind mit Namen und Preis bezeichnet.

Kannst du die Fragen unter dem Bild beantworten?

Wie sagst du dem Verkäufer, dass du vier Zitronen, ein Kilo Bananen und eine Ananas willst? Wie viel kostet das einzeln; was macht das zusammen? (Auf Seite 45 stehts.)

What is one pound thirty?
What is one pound sixty?
What is sixty pence a piece?
What is one pound?

Im Café

Hier sind einige leckere Sachen, die du vielleicht bestellen willst.

I'd like . . . .

a glass of lemonade

a glass of coke

a cup of tea with milk

a glass of tea with lemon

a glass of orange juice

a cup of hot chocolate

a glass of milk

an ice cream

Monate, Jahreszeiten und das Datum

Hier findest du die Namen der Monate und Jahreszeiten. Außerdem lernst du, nach dem Datum zu fragen.

Neue Wörter

month	der Monat
year	das Jahr
what date is it today?	welches Datum haben wir?
today	heute
birthday	der Geburtstag

Die Jahreszeiten

spring	der Frühling
summer	der Sommer
autumn	der Herbst
winter	der Winter

Die Monate

January	Januar
February	Februar
March	März
April	April
May	Mai
June	Juni
July	Juli
August	August
September	September
October	Oktober
November	November
December	Dezember

Die Jahreszeiten

spring — March, April, May...

summer — June, July, August...

autumn — September, October, November...

winter — December, January, February...

Erster, Zweiter, Dritter...

„Der Erste" heißt auf Englisch **the first**, „der Zweite" **the second**, „der Dritte" **the third**. Von **the fourth** (4.) bis **the twentieth** (20.) hängst du ein **-th** an die Zahl. Dann folgt: **the twenty first, the twenty second, the twenty third, the twenty fourth, the twenty fifth** usw. bis **thirtieth; the thirty first, the thirty second, the thirty third, the thirty fourth** usw.

January is the first month in the year.

February is the second month in the year.

November is the eleventh month in the year.

Kannst du die anderen Monate der Reihe nach aufzählen?

Das Datum

Das Datum schreiben

Zuerst schreibst du den Monatsnamen und dann den Tag.

Wann hast du Geburtstag?

On the heißt „am".

Wann ist ihr Geburtstag?

Bei Monica sagst du: **Monica's birthday is on the second of April.** Und wie ist das bei den anderen?

Monica	John	Evelyn	Elisabeth	Charles	Andrew

April 2	July 21	October 18	August 31	March 3	September 7

39

Farben und Zahlen

Farbbezeichnungen können als Haupt-wörter verwendet werden („das Rot") oder als beschreibende Wörter („Das Haus ist rot" oder „Das rote Haus"): **The house is red** oder **The red house**.

Die Farben

red   blue   yellow   green   orange   pink   black   white   grey   brown

Welche Farbe hat ...?

Decke das Bild oben zu. Kannst du sagen, welche Farben die Dinge auf dem nebenstehenden Bild haben?* (Auf Seite 45 kannst du nach-schauen.)

Zahlen

Im Englischen sprichst du die Zahlen so aus, wie du sie schreibst (also die Zehner **vor** den Einern). Von 30 bis 39 zählst du genauso wie von 20 bis 29.

1 one	11 eleven	21 twenty-one	31 thirty-one
2 two	12 twelve	22 twenty-two	40 forty
3 three	13 thirteen	23 twenty-three	50 fifty
4 four	14 fourteen	24 twenty-four	60 sixty
5 five	15 fifteen	25 twenty-five	70 seventy
6 six	16 sixteen	26 twenty-six	80 eighty
7 seven	17 seventeen	27 twenty-seven	90 ninety
8 eight	18 eighteen	28 twenty-eight	100 one hundred
9 nine	19 nineteen	29 twenty-nine	101 one hundred and one
10 ten	20 twenty	30 thirty	200 two hundred

*Der Himmel heißt **the sky**.

Die englische Aussprache

Wie Englisch klingt, wie es ausgesprochen wird, weißt du sicher. Bestimmt hast du schon oft englische oder amerikanische Popmusik gehört. Doch wollen wir möglichen Zweifeln vorbeugen. Die alphabetische Wortliste am Ende des Buchs führt deshalb für jedes verzeichnete Wort die richtige Aussprache auf. Und zwar in einer einfachen Lautschrift, die wir sicherheitshalber in eckige Klammern gesetzt haben, um sie von der normalen Schreibweise abzuheben.

Manche Buchstaben sind im Englischen etwas anders auszusprechen als im Deutschen. Welche das sind und wie sie gesprochen werden, erklären wir auf dieser Seite.

Das Allerbeste ist natürlich, viel Englisch zu hören und dabei auf die Aussprache und Sprachmelodie zu achten. Du lernst beides im Handumdrehen, wetten?

[i:] zwei Punkte hinter einem Buchstaben der Lautschrift bedeuten, dass du ihn lang aussprichst, so wie das „i" in „Biene".

['] der Apostroph steht vor der betonten Silbe eines Wortes.

[ə] spricht sich wie das „e" am Ende von deutschen Wörtern, z.B. Schule oder Knöpfe:
a (ein/eine) [ə], sister ['sistə], moment ['moumənt]

[æ] ausgesprochen wie das deutsche „ä", aber den Mund etwas weiter aufmachen:
fat [fæt], ham [hæm]

[ai] wie deutsch „Main"; das „i" hört man gerade noch so:
I (ich) [ai], my [mai]

[ei] ein langes „e" wie in „Geh!" und dahinter ein kurzes „i":
day [dei], name [neim]

[oi] wie „eu" in „Leute"
boy [boi], enjoy [in'dschoi]

[ou] das „o" wie in „Ostern", dann ein kurzes „u":
go [gou], window ['windou]

[d]
[b]
[g] Diese drei Buchstaben spricht man auf Englisch **immer** so aus, wie in „Dorf", „Ball" und „Geld", auch dann, wenn sie am Wortende stehen:
red [red], big [big]

[r] Das „r" hört sich im Englischen anders an als im Deutschen. Sicher weißt du, wie die Worte „Rock 'n' Roll" ausgesprochen werden. Übrigens: „r" am Wortende spricht man überhaupt nicht aus.

[v] wie im Deutschen in „Vase":
very ['veri], living room ['living ru:m]

[w] dieser Laut klingt wie ein kurzes „u" mit einem Vokal (Selbstlaut) dahinter. Stelle dir ein „qu" vor, und lasse dann beim Aussprechen das „q" weg, wie z.B.:
Quelle – uelle – jetzt das „e" hinten weg und du hast uell
well [wel]

zuletzt das

[ð] dies ist das Zeichen für „th" im Englischen. Diese Buchstaben sprichst du aus wie ein gelispeltes „s":
the [ð], thin [ðin], Elisabeth [e'lisabeð]

Sprachregeln

Jede Sprache folgt Regeln, Grammatik genannt, die beschreiben, wie die Sprache funktioniert und benutzt werden kann. Sprachregeln sind also auch Gebrauchsanweisungen. Jede Sprache hat ihre eigenen Regeln. Auf den folgenden zwei Seiten findest du einige wichtige Regeln der englischen Sprache zusammengefasst. Es sind dieselben, die schon vorne im Buch erläutert wurden. Lies sie von Zeit zu Zeit durch, es lohnt sich: Du wirst Englisch noch leichter lernen, wenn du weißt, wie es funktioniert.

Die Wortstellung

Im Englischen sagt man immer zuerst, **wer** etwas tut, dann die **Tätigkeit**, also das Tätigkeitswort (Verb), und danach alles andere. **My parents are very nice,** Meine Eltern sind sehr nett.
Die Wortstellung bleibt im Englischen immer gleich, auch wenn sie sich im Deutschen ändert. Achte auf die Satzteile hinter dem Strich: **I believe that / my parents are very nice,** Ich glaube, dass / meine Eltern sehr nett sind.

Hauptwörter

bezeichnen Personen und Dinge. Englische Hauptwörter werden kleingeschrieben. Nur Personen- und Ländernamen und die Hauptwörter am Anfang eines Satzes schreiben sich groß. Im Englischen gibt es keinen Unterschied zwischen weiblichen, männlichen und sächlichen Hauptwörtern. Deshalb gibt es auch nur einen

Artikel,

also nur ein Wort für „der"; „die" und „das": **the.** „Ein" oder „eine" wird mit **a** bzw. **an** übersetzt. Es heißt **an** anstelle von **a,** wenn das folgende Hauptwort mit einem Vokal (a, e, i, o, u) im Anlaut beginnt. **This is an elephant.**

Mehrzahl (Plural)

Im Englischen wird ein **-s** an das Wort angehängt, dessen Mehrzahlform gebildet werden soll. **One tree, two trees,** Ein Baum, zwei Bäume.

Allerdings gibt es Ausnahmen von dieser Regel. Die wichtigsten Ausnahmewörter muss man sich einfach merken:
the child, the children / das Kind, die Kinder
the man, the men / der Mann, die Männer
the woman, the women / die Frau, die Frauen
the foot, the feet / der Fuß, die Füße

Tätigkeitswörter (Verben)

Die Grundform englischer Verben besteht aus dem Verbstamm, dem das Wörtchen **to** vorangestellt wird: **to eat,** essen; **to dance,** tanzen.
Englische Verben ändern sich nur in der dritten Person Einzahl, also wenn **he, she, it** („er", „sie", „es") etwas tut. In diesem Fall hängt man dem Verbstamm ein **-s** an. **He comes, she eats,** Er kommt, sie isst.
An Verben, die auf o enden, wie **to go** oder **to do,** hängt man ein **-es** an: **He goes, she does,** Er geht, sie tut.

to come	kommen
I come	ich komme
you come	du kommst
he/she/it comes	er/sie/es kommt
we come	wir kommen
you come	ihr kommt
they come	sie kommen

Die Hilfsverben to have, to do und to be

Im Englischen werden die Hilfsverben zu denselben Zwecken gebraucht wie im Deutschen. Die Verben **to do** und **to be** nehmen darüber hinaus eine Sonderstellung ein (s. unten).

to have	haben
I have	ich habe
you have	du hast
he/she/it has	er/sie/es hat
we have	wir haben
you have	ihr habt
they have	sie haben

to do	tun/machen
I do	ich tue
you do	du tust
he/she/it does	er/sie/es tut
we do	wir tun
you do	ihr tut
they do	sie tun

to be	sein
I am	ich bin
you are	du bist
he/she/it is	er/sie/es ist
we are	wir sind
you are	ihr seid
they are	sie sind

Die -ing-Form

Im Englischen kann der Satz „Ich spreche" auf zwei Arten formuliert werden: **I speak** und **I am speaking** (wörtl.: Ich bin sprechend). Die zweite Möglichkeit, die so genannte **-ing**-Form, wendet man auf Tätigkeiten und Vorgänge an, die gerade in diesem Augenblick passieren. Dazu braucht man die passende Form von **to be**, z. B. **I am**, lässt den Verbstamm folgen, z. B. **speak**, und hängt an diesen die Endung **-ing** an: **I am speaking,** Ich spreche (gerade); **I am reading,** Ich lese (jetzt); **What are you doing?** Was machst du (da)? **He is cooking,** Er kocht (im Moment); **I am learning English,** Ich lerne (zur Zeit) Englisch.
Merke: Wenn das Verb **to be** im Satz vorkommt, wird die **-ing**-Form nie gebraucht: **I am in a telephone box,** Ich bin (gerade) in einer Telefonzelle.

Fragen mit to do

Bei englischen Fragen nimmt man meistens das Verb **to do** zu Hilfe. **Do** oder **does** steht am Anfang der Frage, gefolgt von Personalpronomen und Verbstamm. Braucht man ein Fragewort, steht **do** oder **does** direkt dahinter. **Do you come to England often?** Kommst du oft nach England? **When does she go to school?** Wann geht sie zur Schule?

Merke: Wenn das Verb **to be** im Satz vorkommt, wird do/does in der Frage nie gebraucht: **Are you from Germany?** Bist du aus Deutschland? **Is he your brother?** Ist er dein Bruder?

Verneinung mit to be

Verneint wird im Englischen stets mit der passenden Form von **to do + not: I do not like,** Ich mag nicht; **he does not eat,** er isst nicht.
Merke: Wenn **to be** im Satz vorkommt, wird do/does nicht gebraucht. **It is not cold,** Es ist nicht kalt. **They are not fat,** Sie sind nicht dick.

Kurzformen

Im umgangssprachlichen Englisch gibt es vielerlei Wortzusammenziehungen. Die wichtigsten sind:
don't für **do not** / **isn't** für **is not** / **doesn't** für **does not** / **aren't** für **are not**. Statt **what is, that is, who is, it is** kann man **what's, that's, who's, it's** sagen. **They are** kann zu **they're** verkürzt werden.

Die Steigerung

Sehr kurze Eigenschaftswörter werden gesteigert, indem man ihnen **-er** bzw. **-est** anhängt: **nice, nicer, nicest,** nett, netter, am nettesten. Endet der Stamm des Eigenschaftsworts auf **-e**, so bleibt es erhalten, wird aber nicht verdoppelt: **nice, nicer**. Die Endung **-y** wird zu **-ier: pretty, prettier,** hübsch, hübscher. Bei langen Eigenschaftswörtern sagt man auf Englisch, etwas ist „mehr" **more**, z. B. **Tennis is interesting, but football is more interesting** oder **most interesting**. Tennis ist interessant, aber Fußball ist interessanter bzw. am interessantesten.

Die Anrede

Im Englischen gibt es keinen Unterschied zwischen „du" und „Sie". Es heißt immer **you**.

Antworten

Seite 7

Wie heißen diese Leute?

His name is Peter. Her name is Anita. They are Daniel and Tony. My name is …

Wer ist wer?

George spricht mit Bill.
Anita spricht mit Susan.
George siehst du unten rechts (grüne Badekappe).
Bill spricht mit George.
Anita ist das Mädchen ganz links unten.
Der Mann, der sich von Michael verabschiedet, geht nach Hause.

Erinnerst du dich?

What is your name?
My name is …
This is my friend. Her name is Anita.
His name is Daniel.

Seite 9

Erinnerst du dich?

flower(s), cat(s), tree(s), nest(s), bird(s), roof(s), sun, window(s), car(s), dog(s).

Seite 11

Wer kommt von wo?

Franz kommt aus Österreich.
Sie heißen Hari und Indira.
Ja, Marie und Pierre kommen aus Frankreich.
Nein, Lolita ist Spanierin.
Hari und Indira kommen aus Indien.
Ja, Angus ist Schotte.
Pierre ist Franzose.
János wohnt in Budapest.

Seite 13

Wie alt sind sie?

Michael ist 13.
Jean und Joan sind 15.

Boris ist 12.
Eve ist 11.
Victor ist 9.
Barbara ist 5.

Wie viele Geschwister?

A = Jean und Joan. B = Victor. C = Michael.
D = Boris. E = Eve.

Seite 17

Wo stecken sie alle?

Grandad is in the dining room.
Stephen is in the kitchen.
Peter is in the bathroom.
Mum is in the bedroom.

In the living room.
In Susy's room.
In the dining room.
In the bathroom.

Seite 19

Wo verstecken sich die Tiere?

The hamster is hiding in the vase.
The kitten is hiding behind the TV.
The puppy is hiding in the cupboard.
The budgie is hiding an the shelves.
The snake is hiding behind the sofa.
The tortoise is hiding beside the telephone.

Seite 21

Wer mag was?

1. Boris, 2. John, 3. Bananas, 4. Grandad,
5. Fruit tart
I like … I don't like …

Seite 23

Wer sagt was?

"I am hungry."
"Enjoy your meal."

"Help yourself."
"Can you pass me a glass, please?"
"Some more chips?"
"Yes, please. That's enough, thank you."
"It's delicious."

Seite 25

Was machen sie?

A) I'm cooking.
B) I'm swimming and diving.
C) We're dancing.
D) I'm playing the violin.
E) I'm painting.

Seite 27

Mikes Tag

1b, 2e, 3f, 4a, 5h, 6g, 7d, 8c.

Wie viel Uhr ist es?

a) It's five past three.
b) It's five past eleven.
c) It's ten to nine.
d) It's a quarter to four.
e) It's twenty five past three.
f) It's half past seven.
g) It's three o'clock.
h) It's four o'clock.
i) It's nine o'clock.
j) It's half past one.
k) It's five past seven.
l) It's half past ten.
m) It's six o'clock.
n) It's twenty five to four.
o) It's five to two.

Seite 29

Dein Terminkalender

I'm going to the disco with Boris.
I'm playing tennis on Monday, Wednesday
and Sunday.

I'm going to the cinema on Wednesday
evening.
Yes, I have a piano lesson on Tuesday.
Yes, I'm free on Sunday morning.
It's at seven o'clock.

I'm sorry. On Saturday afternoon I'm playing
football. That's great! Until Thursday.

Seite 33

In Newcastle

Excuse me. How do I get to the market place?
Excuse me. Is there a café nearby?
Take the third street to the left and then you
go straight ahead.
Take the third street to the right, then go
straight on. The market is on the left.
At the shops.

Seite 37

Obst kaufen

I'd like four lemons, 2 pounds of bananas and
a pineapple, please.
Four lemons are 60 p., the bananas are one
pound eighty, one pineapple costs 75 p. That
is three pounds fifteen, altogether.
Two pineapples, two pounds of grapes,
one apple, ten oranges.

Seite 40

Welche Farbe hat ...?

The street is grey. The sun is yellow. The roof
is orange. The sky is blue. The flowers are
pink. The dog is brown. The bird is black. The
car is red. The trees are green. The house is
white.

Alphabetische Wortliste

a [ə]	ein, eine	the cinema ['sinemə]	das Kino
about [ə'baut]	etwa, ungefähr	the city [siti]	die (Groß-)Stadt
after ['a:ftə]	nach	the city-hall ['siti ho:l]	das Rathaus
the afternoon ['a:ftənu:n]	der Nachmittag	Coca-Cola [kokə coulə]	die Cola
a little [ə litl]	ein bisschen	the coffee ['kofi]	der Kaffee
all [o:l]	alle	to come [kam]	kommen
almost ['o:lmoust]	fast	to cook [kuk]	kochen
along [ə'long]	entlang	the corner [ko:nə]	die Ecke
always ['o:lweis]	immer	to cost [kost]	kosten
and [ænd]	und	the cupboard ['kapbəd]	der Schrank
anything else? ['æniðing els]	noch etwas?	the curtain ['kə:tn]	der Vorhang
a piece [əpi:s]	das Stück		
the apple [ði æpl]	der Apfel	dad [dæd]	Papa
are there [a:ðəa]	gibt es ... (pl.)	to dance [da:ns]	tanzen
the armchair ['a:mtschəa]	der Sessel	dark [da:k]	dunkel
as far as [əs fa: əs]	bis zum/zur	delicious [də'lischəs]	ganz prima
at [æt]	um	the dining room	
the aunt [a:nt]	die Tante	['daining ru:m]	das Esszimmer
Austria ['o:stria]	Österreich	direct(ly) [di'rekt(li)]	direkt
the autumn ['o:tm]	der Herbst	to dive [daiv]	tauchen
		the disco [diskəu]	die Disko(thek)
the baker's ['beikəs]	die Bäckerei	the dog [do:g]	der Hund
the banana [ba'nana]	die Banane	the door [do:]	die Tür
the bank [bænk]	die Bank	to drive [draiv]	fahren
the bath [ba:ð]	das Bad		
the bathroom ['ba:ðru:m]	das Badezimmer	each [i:tsch]	das Stück
to be [bi:]	sein	to eat [i:t]	essen
beautiful ['biutiful]	schön	the egg [eg]	das Ei
the bedroom ['bedru:m]	das Schlafzimmer	England ['ingländ]	England
behind [bi'haind]	hinter	English ['inglisch]	englisch
to be hungry [hangry]	Hunger haben	enjoy your meal	
beside [bi'said]	neben	[in'dschoi yə: mi:l]	guten Appetit
between [bit'wi:n]	zwischen	enough [i'naf]	genug
the bird [bə:d]	der Vogel	the evening ['i:vning]	der Abend
the birthday ['bə:ðdei]	der Geburtstag	excuse me [iks'kiu:s mi:]	Entschuldigung!
black [blæk]	schwarz		
blue [blu:]	blau	the fall (am.) [fo:l]	der Herbst
the book [buk]	das Buch	fair [fəa]	hell
the bread [bred]	das Brot	the family ['fæmili]	die Familie
the bread roll [bred roul]	das Brötchen	fat [fæt]	dick
the breakfast ['brəkfəst]	das Frühstück	the father ['fa:ðə]	der Vater
the brother ['braðə]	der Bruder	the fence [fens]	der Zaun
brown [braun]	braun	to find [faind]	finden
the budgie ['badschi]	der Wellensittich	(the) first [fə:st]	(der) Erste(r)
but [bat]	aber	the fish [fisch]	der Fisch
the butcher's ['butschəs]	die Metzgerei	the flat [flæt]	die Wohnung
the butter ['batə]	die Butter	the flower [flauə]	die Blume
to buy [bai]	kaufen	France [fra:ns]	Frankreich
bye! [bai]	Tschüs!	French [frentsch]	französisch
by the sea [bai ðə si:]	am Meer	Friday ['fraidi]	Freitag
		the friend [frend]	der Freund/die Freundin
the café [kæffei]	das Café	friendly ['frendli]	freundlich
the campsite ['kæmpsait]	der Campingplatz	from [from]	aus
the car [ka:]	das Auto	the fruit [fru:t]	das Obst
the carpet ['ka:pət]	der Teppich	the fruit tart ['fru:t ta:t]	die Obsttorte
the castle ['ka:sl]	das Schloss		
the cat [cæt]	die Katze	the garage [gær'ra:sch]	die Garage
the cheese [tschi:s]	der Käse	the gas station (am.)	
the chemist's ['kemists]	die Apotheke	['gæs steischn]	die Tankstelle
the chips [tschips]	die Pommes frites	German ['dschə:mən]	deutsch
the church [tschə:tsch]	die Kirche	Germany ['dschə:məni]	Deutschland
the chocolate ['tschoklət]	die Schokolade	the ghost [goust]	der Geist

46

to give [giv]	geben	the living room ['living ru:m]	das Wohnzimmer
the glass [gla:s]	das Glas	to look for [luk foə]	suchen
to go [gou]	gehen/fahren	the lunch [lantsch]	das Mittagessen
good [gud]	gut		
goodbye [gud'bai]	auf Wiedersehen	to make [meik]	machen
good evening [gud 'ivning]	guten Abend	to make things [meik ðings]	basteln
good night [gud 'nait]	gute Nacht	the market ['ma:kət]	der Markt
to go shopping		the marketplace	
[gou 'schoping]	einkaufen gehen	['ma:kətpleis]	der Marktplatz
grandad ['grændæ:d]	Opa	the meat [mi:t]	das Fleisch
the grandfather ['grænfa:ðə]	der Großvater	the milk [milk]	die Milch
the grandmother		the minute ['minit]	die Minute
['grændmaðə]	die Großmutter	Miss [mis]	Fräulein
the grandparents		Monday ['mandei]	Montag
['grændpəarənt]	die Großeltern	the month [manð]	der Monat
granny ['græni]	Oma	more [mo:]	mehr
the grape [greip]	die Traube	the morning ['mo:ning]	der Morgen
grey [grei]	grau	the mother ['maðə]	die Mutter
the grocer's ['grousəs]	das Lebensmittelgeschäft	Mr. ['mistə]	Herr
		Mrs. ['misəs]	Frau
half [ha:f]	halb	mum [mam]	Mama
the ham [hæm]	der Schinken	the music ['miusik]	die Musik
the hamster ['hæmstə]	der Hamster	my [mai]	mein, meine
to have [hæv]	haben		
to have breakfast		nearby ['niəbai]	in der Nähe
[hæv 'brekfəst]	frühstücken	the nest [nest]	das Nest
to have lunch [hæv lantsch]	zu Mittag essen	(the) next [nekst]	(der) Nächste(r)
to have supper [hæv sapə]	zu Abend essen	no [nou]	nein
to have tea [hæv ti:]	zu Abend essen	not [not]	nicht
help yourself [help jə:'self]	bedien dich	not at all [not ət 'o:l]	gar nicht
here [hiə]	hier	not any [not eni]	kein, keine
the house [haus]	das Haus		
Hungary ['hangari]	Ungarn	old [ould]	alt
hungry ['hangri]	hungrig	on [on]	auf
		on foot [on fut]	zu Fuß
the ice cream ['aiskri:m]	das Eis	on the left [on ðə left]	links
immediately [i'mi:diətli]	sofort	on the right [on ðə rait]	rechts
India ['india]	Indien	to open ['oupən]	öffnen
in English [in 'inglisch]	auf Englisch	opposite ['opəsit]	gegenüber
in front of [in front ov]	vor	or [o:]	oder
in German [in 'dschə:man]	auf Deutsch	the orange ['orindsch]	die Orange
the instrument ['instrumənt]	das Instrument	the orange juice	
in the afternoon		['orindsch dschu:s]	der Orangensaft
[in ði 'a:ftənu:n]	nachmittags	over there [ouvə ðəa]	da drüben
in the country [in ðə 'kantri]	auf dem Land		
in the evening [in ði 'i:vning]	abends	to paint [peint]	malen
in the morning		the parents ['pəarənts]	die Eltern
[in ðə 'mo:ning]	morgens	to pay [pei]	zahlen
is there ...? [is ðəa]	gibt es ...?	the peach [pi:tsch]	Pfirsich
		the pence [pens]	die Pfennige
the kilo ['kilou]	das Kilo	the penny [peni]	der Pfennig
the kitchen ['kitschən]	die Küche	the petrol station	
the kitten ['kitn]	das Kätzchen	['petrəl 'steischn]	die Tankstelle
to knit [nit]	stricken	the phone box ['foun boks]	die Telefonzelle
		the piano [pi'ænou]	das Klavier
the lemon ['lemən]	die Zitrone	the pineapple ['painapl]	die Ananas
the lemonade ['leməneid]	die Limonade	the plant [pla:nt]	die Pflanze
lesson ['lesn]	die Unterrichtsstunde	to play [plei]	spielen
to like [laik]	mögen	to play football [plei 'futbo:l]	Fußball spielen
to listen to ['lisn tu:]	anhören	please [pli:s]	bitte
the litre ['li:tə]	der Liter	the pound [paund]	das Pfund
to live [liv]	wohnen	the postcard ['poustka:d]	die Postkarte

the post office ['poustofis]	die Post	
the puppy ['papi]	das Hündchen	
quarter ['kwo:tə]	ein Viertel	
the quiche [ki:sch]	die Quiche	
to read [ri:d]	lesen	
red [red]	rot	
the rice [rais]	der Reis	
the roof [ru:f]	das Dach	
the room [ru:m]	das Zimmer	
the rose [rous]	die Rose	
the salad ['sæləd]	der Salat	
Saturday ['sætədi]	Samstag	
the sausage ['sosidsch]	das Würstchen	
the school [sku:l]	die Schule	
Scotland ['skotlənd]	Schottland	
the shelves [schelvs]	das Regal	
the shop [schop]	das Geschäft	
the sister ['sistə]	die Schwester	
the sky [skai]	der Himmel	
slim [slim]	schlank	
small [smo:l]	klein	
the snake [sneik]	die Schlange	
the sofa [soufə]	das Sofa	
something ['samðing]	etwas	
soon [su:n]	bald	
the spaghetti [spa'geti]	Spaghetti	
Spain [spein]	Spanien	
to speak [spi:k]	sprechen	
to spook [spu:k]	spuken	
the sport [spo:t]	der Sport	
straight ahead [streit a'hed]	geradeaus	
the summer ['samə]	der Sommer	
the sun [san]	die Sonne	
Sunday ['sandi]	Sonntag	
the supermarket ['supəma:kət]	der Supermarkt	
the supper [sapə]	das Abendessen	
to swim [swim]	schwimmen	
the swimming pool ['swimming pu:l]	das Schwimmbad	
the table [teibl]	der Tisch	
to take [teik]	nehmen	
tall [to:l]	groß	
the tea [ti:]	der Tee/das Abendessen	
the telephone ['teləfoun]	das Telefon	
the television (TV) [teli'vischən (ti:'vi:)]	der Fernseher	

terrible ['teribl]	fürchterlich	
thank you ['ðænk iu]	danke	
that's a pity [ðæts ə 'piti]	schade	
that's great [ðæts 'greit]	prima	
then [ðen]	dann	
(the) third [ðə:d]	(der) Dritte(r)	
Thursday [ðə:sdi]	Donnerstag	
to [tu]	vor (Uhr), nach (Ort)	
together [tu'geðə]	zusammen	
the toilets ['toilits]	die Toiletten	
the tomato [tə'ma:tou]	die Tomate	
tomorrow [tə'morou]	morgen	
too [tu:]	auch	
the tortoise ['to:təs]	die Schildkröte	
the town [taun]	die Stadt	
the town hall [taun ho:l]	das Rathaus	
the tourist office ['tu:rist ofis]	das Informationsbüro	
the tree [tri:]	der Baum	
Tuesday ['tiu:sdi]	Dienstag	
the uncle ['ankl]	der Onkel	
under ['andə]	unter	
until [ən'til]	bis	
the vase [veis]	die Vase	
the vegetables ['vedschitəbls]	das Gemüse	
very [veri]	sehr	
the violin ['vaiəlin]	die Geige	
to watch TV [wotsch ti:'vi:]	fernsehen	
Wednesday ['wensdi]	Mittwoch	
what [wot]	was/wie	
when [wen]	wann	
where [weə]	wo	
where ... from [weə from]	von wo	
white [wait]	weiß	
who [hu:]	wer	
the window ['windou]	das Fenster	
the winter ['wintə]	der Winter	
with [wið]	mit	
with pleasure [wið 'pleschə]	gerne	
year [iə:]	das Jahr	
yellow ['ielou]	gelb	
yes [ies]	ja	
young [iang]	jung	
your [ioə]	dein, deine	
the youth hostel ['iu:ð hostəl]	die Jugendherberge	

17. Auflage 2003

© 1987/2002 für die deutsche Fassung: arsEdition GmbH, München
© 1986 Usborne Publishing Ltd., London

Titel der Originalausgabe: „English for Beginners"
Gesamtentwurf: Roger Priddy
Übersetzung und Bearbeitung der deutschen Ausgabe: Heinz Lechleiter
Sprachliche Beratung: Miriam O´Reilly

Umschlaggestaltung der deutschen Ausgabe: Andrea Pfeifer
Produktion: Detlef Schuller, Katja Walter
ISBN 3-7607-4719-1

www.arsedition.de

Bibliografische Information Der Deutschen Bibliothek

Die Deutsche Bibliothek verzeichnet diese Publikation in der
Deutschen Nationalbibliografie; detaillierte bibliografische Daten
sind im Internet über http://dnb.ddb.de abrufbar.

Spielerisch Fremdsprachen lernen

Unsere Kinder sind Kinder Europas. Junge Menschen haben ein natürliches Interesse, den Kontakt zu Gleichaltrigen aufzunehmen, auch mit denen, die eine andere Sprache sprechen – zu Hause und besonders in den Ferien. Schon im Grundschulalter macht es ihnen Spaß, auf spielerische Weise Fremdsprachen zu lernen. Die Sprachbücher der arsEdition führen mit lustigen Bildern und lebendigen Dialogen in den alltäglichen Sprachgebrauch einer fremden Sprache ein – motivierend für Einsteiger jeden Alters.

ISBN 3-7607-**4769-8**

ISBN 3-7607-**4770-1**

ISBN 3-7607-**4771-X**

ISBN 3-7607-**4719-1**
Tonkassette **-4748-5**

ISBN 3-7607-**4720-5**
Tonkassette **-4749-3**

ISBN 3-7607-**4721-3**

ISBN 3-7607-**4722-1**

ISBN 3-7607-**4723-X**

ISBN 3-7607-**4724-8**

ISBN 3-7607-**4725-6**

ISBN 3-7607-**4726-4**

ISBN 3-7607-**4727-2**

Reihe	Zielgruppe	Umfang	€
Meine ersten Wörter und Sätze	ab 8 J.	48 S.	**10,90**
dazu Tonkassette	ab 8 J.	80 min.	**8,50** *
Bildwörterbücher	ab 10 J.	128 S.	**12,90**
außer Bildwörterbuch Deutsch	ab 4 J.	96 S.	**12,90**
Sprachrätsel mit Spaß	ab 10 J.	64 S.	**4,95**

* unverbindliche Preisempfehlung